からだが整う

〝ひと晩発酵みそ〟

榎本美沙

contents

〝ひと晩発酵みそ〞で 最強みそ汁

〝ひと晩発酵みそ〞で 絶品おかず

〝ひと晩発酵みそ〟で
みそおやつ

手軽に作れる
発酵調味料

【この本の決まり】

・計量単位は、大さじ1＝15㎖、小さじ1＝5㎖、1カップ＝200㎖、1合＝180㎖です。

・野菜は特に記述のない場合でも「洗う」「ヘタを取る」「皮をむく」などの下ごしらえをしてから調理してください。

・電子レンジの加熱時間は、600Wのものを基準にしています。500Wの場合は1.2倍の時間を目安にしてください。機種によって多少の差が出ることがあります。

・「だし汁」は昆布やかつお節、煮干しなどでとったものを使っています。

"ひと晩発酵みそ"って何?

「好きな料理は?」
料理の仕事をしていると、よく聞かれるのですが、
大好きな料理はいっぱいあって、
いつもひとつにしぼれないのです。
けれど、いつも最初に浮かぶのは、
〝おみそ汁〟。

みそは、身近すぎてなかなか気がつかないのですが、
ポテンシャルの高い、とても優秀な発酵食。
「みそは医者いらず」と言われるほど、健康効果が高いのも魅力です。

そんなみそをもっと身近に感じてほしいなと思って考えたのが
〝ひと晩発酵みそ〟です。

炊飯器で保温をして作ることで、酵素が働きやすくなり、
一般的には半年以上かかる発酵が、
なんと、たった〝ひと晩〟で、でき上がります。

カビなどの心配もないので、
はじめてみそを作ってみたい方や、
仕込んですぐに食べたい方、
失敗せずに作りたい方にはもってこいのみそ作りです。

米麹をたっぷり使って作る、〝ひと晩発酵みそ〟は、
やわらかな甘みでほっとする味わい。
塩分も控えめなので、
お料理にたっぷりと使えて、簡単に栄養豊富な発酵食が作れます。
さらに、みそ汁はもちろん、和食だけでなく、洋食やおやつも
おいしさをワンランクアップさせてくれます。

〝ひと晩発酵みそ〟だけで味が決まる料理や
〝ひと晩発酵みそ〟だからおいしい、
おすすめの料理もたくさんご紹介しました。

体にもうれしい〝ひと晩発酵みそ〟、
この本を通じて、
たくさんの方の食卓に寄り添えるといいなと、想いを込めて!

榎本美沙

こんなにすごい！
〝ひと晩発酵みそ〟の効能

おいしさアップ

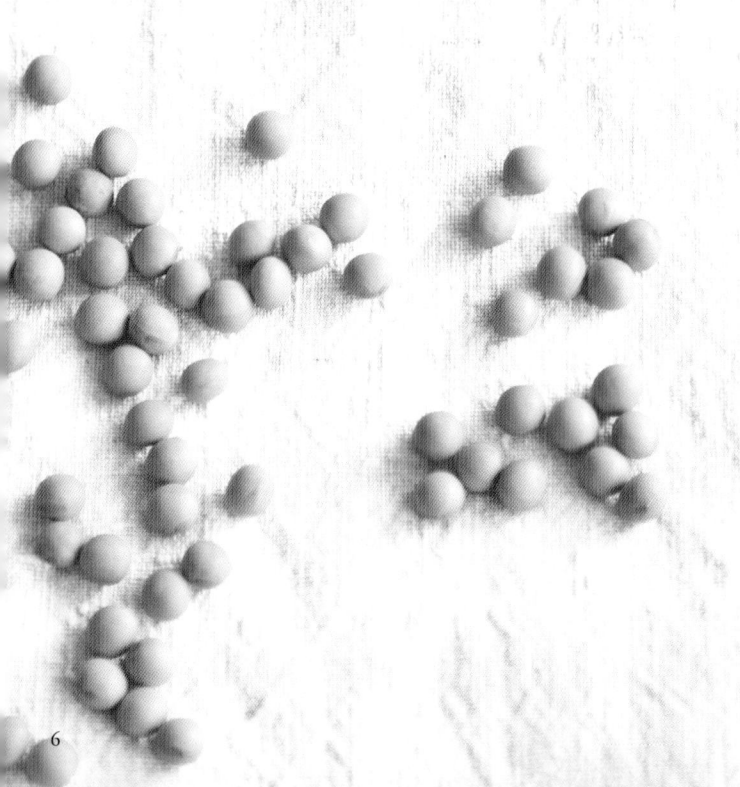

○ うまみをプラス

みそは発酵する過程で、大豆のたんぱく質がグルタミン酸などに分解されます。グルタミン酸はご存知の通り、うまみ成分のひとつ。〝ひと晩発酵みそ〟は、塩分控えめでたっぷり使えるので、料理に使えばうまみがプラスされておいしくなります。

○ 少ない調味料でおいしい

〝ひと晩発酵みそ〟は強いうまみと甘み、ほどよい塩けを持ち合わせた調味料です。上手に素材の風味と合わせることで、他の調味料をたくさん使わなくても味がビシッと決まります。

○ 肉や魚をやわらかに

みそには、麹由来のたくさんの酵素が含まれます。そのうちのひとつ、プロテアーゼはたんぱく質を分解する力があります。つまり、肉や魚と合わせれば、主成分であるたんぱく質が分解され、やわらかく仕上がります。

○ 自然な甘み

麹由来の酵素のひとつ、アミラーゼは、でんぷんをブドウ糖やオリゴ糖に変え、やさしい甘みを生み出します。〝ひと晩発酵みそ〟は米麹の割合が多いため、甘みをより感じられ、砂糖なしでも自然な甘みのある料理を作ることができます。おやつ作りにも使えます。

○ ほどよい塩け

〝ひと晩発酵みそ〟は、普通のみそが塩分10％前後なのに比べ、塩分5％とぐっと少ないのが特徴です。ですから、同じ量のみそに比べて、塩味はおだやか。多めに使っても塩けはほどよく、その分、みそのうまみや栄養素がたっぷり詰まった料理になります。

○ 洋風メニューにも合う

〝ひと晩発酵みそ〟は、チーズや牛乳など乳製品との相性がよいのも特徴のひとつです。和食に限らず、スープやグラタンなど洋風の料理とも好相性。工夫次第でレパートリーを増やすことができ、毎日の食卓を彩ります。

〝ひと晩発酵みそ〟の魅力は、たったひと晩で作れる手軽さだけでは
ありません。一般的な赤系みそや淡色系みそとはひと味違ううまみや甘みを兼ね備え、
料理をおいしくしたり、体を内側から整えてくれたりするスーパー発酵食品なのです。

健康＆美容

○ 腸内環境を整える

〝ひと晩発酵みそ〟には、腸内の善玉菌の
えさになるオリゴ糖が豊富。さらに、米麹
や大豆には食物繊維が含まれます。食物
繊維は腸内細菌のえさになるだけでなく、
便秘を解消し、老廃物をスムーズに排出す
る働きもあるため、腸内環境を整えます。

○ 免疫力を高める

みそには強い抗酸化作用があり、免疫機
能の低下を引き起こす活性酸素の害から
身を守ります。また食物繊維や善玉菌の
働きで、免疫細胞の多くが存在する腸を
刺激し免疫力をアップ、感染症にかかりに
くい体づくりに働きます。

○ 血圧をコントロール

〝ひと晩発酵みそ〟には大豆イソフラボン
が含まれます。イソフラボンは血圧や血中
コレステロールの上昇を抑える働きがある
ことが明らかになっています。また〝ひと
晩発酵みそ〟は塩分が少ないため、血圧
が気になる人にもおすすめです。

○ 老化を予防する

〝ひと晩発酵みそ〟には大豆サポニンやイ
ソフラボン、ビタミンＥなどの抗酸化物質
が含まれます。これらの抗酸化物質は体
のサビを防いで老化を予防し、若々しい
体づくりに効果的といわれています。コウ
ジ酸にも抗酸化作用があります。

○ 美肌づくりに役立つ

大豆イソフラボンは体内で女性ホルモン
の一種、エストロゲンと同じような働きを
します。エストロゲンはコラーゲンの生成
を促すとされ、肌のハリ、つやを生み出し
ます。麹菌が作るコウジ酸にも美白効果
が期待されています。

○ たまった疲れを回復

〝ひと晩発酵みそ〟にはビタミンＢ群が多
く含まれます。ビタミンＢ群はたんぱく質
や糖質の代謝に関わり、食事でとった栄
養素を速やかにエネルギーに変換します。
ビタミンＥやイソフラボンの抗酸化物質も
疲労回復を促します。

○ ストレス緩和

麹の量が多い〝ひと晩発酵みそ〟には、
一般のみそに比べ、GABAというアミノ
酸の一種が豊富に含まれます。GABA
は、神経の興奮を抑えて緊張や精神的ス
トレスを軽減し、リラックスさせる効果があ
ります。さらに、血圧の上昇を抑える作用
も期待できます。

○ 血中コレステロールを下げる

〝ひと晩発酵みそ〟には、大豆のリノール
酸など不飽和脂肪酸が多く含まれます。
不飽和脂肪酸は、植物油などに多く含ま
れる油で、血中のコレステロールを下げる
効果が期待できます。また、大豆由来のサ
ポニンによる血清コレステロールの上昇を
抑制する効果もあります。

〝ひと晩発酵みそ〟に含まれる
栄養素と成分

たんぱく質

大豆は昔から「畑の肉」といわれるほどたんぱく質が豊富な食品です。さらに大豆のたんぱく質は必須アミノ酸をバランスよく含む良質なたんぱく質です。ごはんと合わせれば、たんぱく質の量がプラスされるのに加え、米に不足する必須アミノ酸を補い、アミノ酸の働きをよくします。

食物繊維

食物繊維には便秘を解消して腸内環境を整える働きがあります。腸には免疫細胞が集まっているため、腸内環境を整えることは、免疫力のアップにもつながります。また食後の急激な血糖値の上昇を防いだり、コレステロールの吸収を抑えるなど、生活習慣病の予防にもつながります。

ビタミンB群

ビタミン B_1、B_2、ナイアシン、パントテン酸など、ビタミンB群は主に代謝を助ける栄養素です。糖質や脂質を速やかにエネルギーに変えて疲労を回復したり、血行をよくする、ストレスへの抵抗力をつける働きもあります。水溶性のビタミンなので、こまめにとりたい栄養素です。

脂質

大豆の脂質は、食品から摂取しなくてはならない必須脂肪酸であるリノール酸やα-リノレン酸を多く含みます。これらはコレステロール値を下げる働きがあります。α-リノレン酸は体内で脳細胞を活性化するDHA、血流をよくするEPAなどの合成にも関わります。

〝ひと晩発酵みそ〟には、生命維持に不可欠な必須アミノ酸が豊富に含まれています。そのほかにも、体に有効な栄養がたっぷり。毎日の食事に上手に取り入れることで、家族みんなの健康維持につながります。

酵素

アミラーゼやプロテアーゼなどの酵素は、炭水化物やたんぱく質を分解するのに必要です。炭水化物は糖に、たんぱく質はアミノ酸に分解されることで消化、吸収されやすい形になります。また糖は甘み、アミノ酸はうまみのもと。〝ひと晩発酵みそ〟のおいしさアップにもひと役買っています。

抗酸化物質

みそに含まれる大豆サポニンやイソフラボン、ビタミンEは、活性酸素の害から身を守る抗酸化物質です。細胞の老化を防ぐ、肌の健康を守る、免疫力の強化など、さまざまな効果が期待できます。病気に負けない、若々しい体づくりに毎日しっかりとりたい成分です。

鉄・葉酸

鉄は血液中のヘモグロビンの構成要素で、体に酸素を届ける大事な役割があります。不足すれば疲れやすくなったり、抵抗力が落ちたりします。葉酸は造血に働くビタミンの仲間で、貧血を予防し、細胞の成長を促進します。特に妊婦や授乳中の女性はしっかりとりましょう。

コウジ酸

発酵の過程で生み出されるコウジ酸は、シミのもととなるメラニンの生成を抑える働きがあり、美白化粧品にも配合される成分です。シワやたるみの原因となる紫外線のダメージから肌を守る効果も期待され、肌トラブルの悩みにおすすめの成分です。

〝ひと晩発酵みそ〟を作ってみよう!

炊飯器の保温機能を使って作る〝ひと晩発酵みそ〟。発酵がひと晩で完了するから、
食べたいときにすぐ作れるし、いつもできたてのおいしさが味わえます。
発酵の間にカビが生える心配もないので、だれでも失敗なく作れるのもうれしいところ。
ぜひチャレンジしてみてください。

材料（でき上がり約1kg）

米麹（生）… 500g

大豆（乾燥）… 200g

塩 … 50g

1 大豆を浸水させる

大きめのボウルに大豆を入れ、大豆の重量の4倍以上の水を加え、大豆が2倍ほどの大きさになるまで18時間以上浸水させる。（夏場は冷蔵室に入れる）

2 大豆をゆでる

水けをきって厚手の鍋に入れ、かぶるくらいの水を加えて強めの中火で煮立てる。アクを取り、弱めの中火にし、ときどき混ぜながら3〜4時間、ふつふつとした状態のままゆでる。途中アクが出たら取り、水が少なくなったら足す。

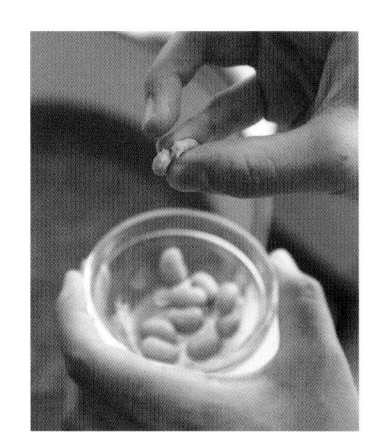

大豆を親指と小指で持ち、軽くつぶれるくらいになったらざるに上げる。ゆで汁は取っておく。

※作り方5で使用するゆで汁は130mℓ（乾燥麹の場合は160mℓ）が目安ですが、大豆や麹の状態により変わります。状態を見ながら加減し、みそよりもややしっとりしているくらいにします。

※残りのゆで汁にも大豆の栄養が溶け出しているので、捨てずに活用を（P14参照）。

3 米麹と塩をくだく

米麹はフードプロセッサーに入れ、細かくくだく（発酵しやすくなる）。塩を加えてさらに攪拌し、ボウルに移す。

4 大豆をつぶす

3のフードプロセッサー（洗わなくてOK）にゆで上がった大豆を入れ、ペースト状にする。手でさわれるくらいまで粗熱を取る（60℃以上では酵素が働かなくなるため）。

5 混ぜ合わせる

米麹のボウルに4を入れ、手でつぶすようにしながらよく混ぜる。ゆで汁を少しずつ加えて混ぜる。

6 炊飯器に入れる

片手でにぎれるくらいの量を取り出し、空気を抜きながら丸め、炊飯器の内釜に詰める。残りも同様に詰める。

7 保温でひと晩おく

炊飯器に内釜をセットし、ぬれぶきんを二重にかけて 保温 にする。

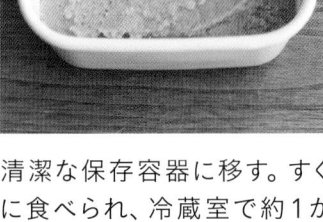

8 でき上がり

ふたは開けたままの状態で6〜8時間おく。木べらなどで軽く混ぜて完成。

清潔な保存容器に移す。すぐに食べられ、冷蔵室で約1か月保存可能。

> ※作り方3〜5でフードプロセッサーがない場合は、米麹は包丁で粗く刻み、大豆は手でつぶして下さい。
>
> ※60℃に設定できるものであれば、ヨーグルトメーカーや保温調理鍋などの調理機器でも同じ時間で発酵させることができます。

※炊飯器の機種によって仕様が異なるため、事前に取扱説明書をご確認ください。また、保温中は火傷にご注意ください。

いろいろな豆で作る
"ひと晩発酵みそ"
アレンジ

ひよこ豆みそ

あずきみそ

青大豆みそ

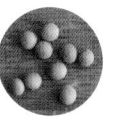

浸水なしで作れる
あずきみそ

材 料（でき上がり約1kg）

米麹（生）… 500g
あずき（乾燥・さっと洗う）… 200g
塩 … 50g

作り方

1 厚手の鍋に水3カップを沸騰させ、あずきを入れ、煮立ったら水1カップを加え、再び煮立ったら、中火で10分ほどゆでる。ふたをして火を止め、30分蒸らす。ざるに上げてさっと洗う。

2 大豆のひと晩発酵みその作り方**2**（水の量は3カップ、ゆで時間は50分）〜**8**と同様に作る（P10〜11参照）。

下ゆでのあとでさっと流水に当て、アクを洗い流す。

香りのよい青大豆で作る
青大豆みそ

材 料（でき上がり約1kg）

米麹（生）… 500g
青大豆（乾燥）… 200g
塩 … 50g

作り方

大豆のひと晩発酵みその作り方と同様に作る（P10〜11参照）。

こっくりとした味わい
ひよこ豆みそ

材 料（でき上がり約1kg）

米麹（生）… 500g
ひよこ豆（乾燥）… 200g
塩 … 50g

作り方

大豆のひと晩発酵みそと同様に作る（P10〜11参照）。作り方**1**の浸水時間を10時間以上、作り方**2**のゆで時間を2〜3時間にする。

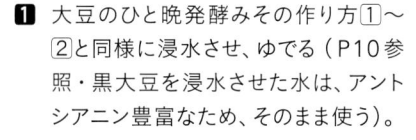

黒大豆みそ

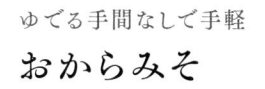

おからみそ

〝ひと晩発酵みそ〟は大豆以外の豆でも作ることができます。青大豆や黒大豆のほか、浸水のいらないあずきや、豆をゆでる手間の必要がないおからでも作れます！好みの味わいや香りのひと晩発酵みそを見つけてください。

ゆで汁にも栄養たっぷり
黒大豆みそ

材料 （でき上がり約1kg）

米麹（生）… 500g
黒大豆（乾燥）… 200g
塩 … 50g

作り方

1 大豆のひと晩発酵みその作り方①〜②と同様に浸水させ、ゆでる（P10参照・黒大豆を浸水させた水は、アントシアニン豊富なため、そのまま使う）。

2 大豆のひと晩発酵みその作り方③〜⑧と同様に作る（P11参照）。

鍋に色がついてしまうので、浸水させたあとで鍋に移す。

ゆでる手間なしで手軽
おからみそ

材料 （でき上がり約1kg）

米麹（生）… 500g
おから（生）… 300g
塩 … 50g

作り方

1 米麹はフードプロセッサーに入れ、細かくくだく。塩を加えてさらに攪拌し、ボウルに移す。

2 鍋に、おから、水1と1/2カップを入れて弱めの中火にかけ、混ぜながら50℃くらいに温める。①のボウルに加え、手でつぶすようにしながらよく混ぜる。

3 大豆のひと晩発酵みその作り方⑥〜⑧と同様に作る（P11参照）。

温度が低くても高くても発酵しにくいため、約50℃（指を入れてみてやや熱いと感じる程度）に温める。

〝ひと晩発酵みそ〟Q&A

〝ひと晩発酵みそ〟作りで感じやすい疑問や不安、
知っておくと便利なポイントをまとめました。
まずはこれを読んで、ちょっとした疑問や不安を解消してから始めましょう。

Ⓠ **仕込む時期はいつがいいですか？**

Ⓐ **いつでもOKです。**

室温で発酵させる昔ながらのみそは冬に仕込むのがよい
ですが、〝ひと晩発酵みそ〟は、ひと晩で発酵が仕上がり、
カビなどの心配も少ないのでいつの時期でもOKです。

Ⓠ **乾燥麹でも作れますか？**

Ⓐ **もちろん作れます。**

手軽に手に入る乾燥麹でももちろん作れます。その場合
は加えるゆで汁の量を少し多めにして、同様に仕込んで
ください。生麹は、自然食品店や百貨店、みそ専門店、
酒蔵、オンラインショップなどで購入できます。

Ⓠ **塩はどのようなものがいいですか？**

Ⓐ **粗塩がおすすめです。**

どんな塩でも作れますが、粗塩を使うとうまみが出て、ま
ろやかに仕上がるのでおすすめです。

Ⓠ **保存の仕方は？**
どのくらい日持ちしますか？

Ⓐ **冷蔵室で1か月ほどです。**

塩分が少ないため、普通のみそほど日持ちはしませんが、
清潔な保存容器に入れ、冷蔵室で1か月ほどは保存で
きます。作りたてのおいしさは格別なので、早めに食べき
りましょう。

Ⓠ **炊飯器のふたは閉めてもいいですか？**

Ⓐ **60℃をキープするため、**
開けておいてください。

炊飯器の保温温度は、メーカーや機種によって違いがあ
りますが、70℃前後に設定されています。麹由来の酵素
は60〜70℃を超えると働かなくなるため、60℃程度に
保つことが大切です。そのため、炊飯器のふたは必ず開
けておき、ぬれぶきんをかぶせて乾燥を防いでください。

Ⓠ **豆のゆで汁は**
活用できますか？

Ⓐ **みそ汁のだしなどに使えます。**

ゆで汁は栄養豊富なので、捨てずにぜひ使ってく
ださい。大豆、青大豆、ひよこ豆のゆで汁は、同
量の水で割ってみそ汁のだしとして使用できま
す。黒大豆、あずきのゆで汁はそのまま黒豆茶、
あずき茶として飲んだり、豆乳や牛乳で割って、好み
ではちみつやきび砂糖を加えてラテ風にして飲ん
でもおいしいです。

Ⓠ **ゆでたての大豆でしか作れませんか？**

Ⓐ **ゆでたてでなくても作れます。**

ゆで大豆は冷凍が可能
（豆とゆで汁を分けて
保存袋に入れて冷凍）
ですので、時間のあると
きにたくさんゆでてお
いて、冷凍保存しておけ
ば、作りたいときにすぐ
作ることができます。冷

凍した大豆は解凍し、
10分ほど蒸してから使います。ゆで汁は鍋でひと
煮立ちさせてから使ってください。

〝ひと晩発酵みそ〟で
最強みそ汁

甘みとうまみが豊富な〝ひと晩発酵みそ〟。そのおいしさを
ストレートに味わうなら、やっぱりみそ汁がおすすめです。
塩分控えめだから、いつものみそよりもたっぷり入れてOK。
その分発酵食品としての健康効果もしっかりと得ることが
できます。季節の野菜を使って、おなかも満足の一杯に。

玉ねぎとにんじんの しょうがみそ汁

野菜の甘みの中にも、しょうがの風味がきいています。しょうがとみその効果で体が温まる一杯に。

材料（2人分）

玉ねぎ（縦薄切り）… 1/4個

にんじん（3mm幅のいちょう切り）… 1/4本

しょうが（せん切り）… 1かけ

だし汁 … 2カップ

ひと晩発酵みそ … 大さじ3

作り方

1 鍋にだし汁を中火で煮立て、玉ねぎ、にんじんを入れてふたをし、3〜4分煮る。しょうがを加えて弱火にし、みそを溶き入れる。

体を芯から温めて
免疫力アップ

女性にうれしい
イソフラボンがたっぷり！

長ねぎと厚揚げのみそ汁

大きめに切った長ねぎは長めに煮て、やわらかに。みそと厚揚げで、大豆の栄養をダブルで取り入れます。

材 料（2人分）

長ねぎ（2.5cm幅に切る）… 1本

厚揚げ（細長く半分に切ってから、1cm幅に切る）
　… 1/2枚（75g）

だし汁 … 2カップ

ひと晩発酵みそ … 大さじ3

作り方

1 鍋にだし汁を中火で煮立て、長ねぎ、厚揚げを入れてふたをし、5〜6分煮る。弱火にし、みそを溶き入れる。

冷え対策におすすめの一杯
アンチエイジングにも

鮭と里いもの粕汁

里いもと酒粕でとろりとした口当たり。体が温まり、血の巡りがよくなります。

材料（2人分）

生鮭（4等分に切る）… 1切れ
里いも（5mm幅の輪切り）… 2個
だし汁 … 2カップ
酒粕（板粕）… 40g
ひと晩発酵みそ … 大さじ3

作り方

1 酒粕は耐熱容器に入れ、水大さじ1をふる。ふんわりとラップをかけ、電子レンジで40秒ほど加熱し、よく混ぜる。

2 鍋にだし汁と①を合わせ、里いもを加えてふたをし、中火で煮立てる。弱火にし、5分ほど煮たら鮭を加え、再びふたをして3分ほど煮て、みそを溶き入れる。

たっぷり根菜の豚汁

食物繊維豊富な根菜をたっぷり。味のしみた翌日もおいしい。好みで七味唐辛子をふっても。

おなかの調子を整えて
肌トラブルも予防

材料（4人分）

豚バラ薄切り肉（3cm幅に切る）… 150g

大根（5mm幅のいちょう切り）… 2〜3cm

にんじん（3mm幅の半月切り）… 1/4本

ごぼう（ささがき）… 1/2本

長ねぎ（斜め薄切り）… 1本

しょうが（せん切り）… 1かけ

ごま油 … 小さじ2

だし汁 … 4カップ

ひと晩発酵みそ … 大さじ6

作り方

1 鍋にごま油、しょうがを入れて中火で熱し、大根、にんじん、ごぼう、長ねぎを炒める。しんなりしたら豚肉を加えて炒める。

2 肉の色が変わったらだし汁を加え、煮立ったら弱めの中火にしてふたをし、10分ほど煮る。弱火にし、みそを溶き入れる。

鶏と白菜のゆずこしょうみそ汁

鶏肉でたんぱく質をプラスします。
うまみたっぷりだから、だし汁いらず。

材料 (2人分)

鶏もも肉 (小さめのひと口大に切る)
　　… 1/3枚 (約100g)

白菜 (横に1.5cm幅に切る) … 1枚

ひと晩発酵みそ … 大さじ3

ゆずこしょう … 少々

作り方

1 鍋に水1と1/2カップと鶏肉を入れて、弱めの中火で煮立てる。白菜を加えてふたをし、3〜4分煮て弱火にし、みそを溶き入れる。器に盛り、ゆずこしょうを加える。

とろろとあおさのみそ汁

とろりとしたやさしいのどごし。
胃腸が疲れたときにもおすすめです。

材料 (2人分)

長いも (すりおろす) … 150g

あおさ … ひとつかみ

しょうが (せん切り) … 1/2かけ

だし汁 … 2カップ

ひと晩発酵みそ … 大さじ3

作り方

1 鍋にだし汁を中火で煮立て、長いもを入れる。ひと煮立ちしたら弱火にし、みそを溶き入れ、あおさを加えてひと混ぜする。器に盛り、しょうがをのせる。

豆苗のチゲ風みそ汁

ピリ辛仕立てで血の巡りがよくなります。
ごまで香ばしさとミネラルをプラス。

材料（2人分）

豆苗（長さを半分に切る）… 1/2 パック
白菜キムチ（ざく切り）… 80g
ごま油 … 小さじ1
だし汁 … 2カップ
ひと晩発酵みそ … 大さじ3
白すりごま … 小さじ2

作り方

1 鍋にごま油を中火で熱し、キムチをさっ
と炒める。

2 だし汁を加え、煮立ったら豆苗を加え、
ひと煮立ちしたら弱火にし、みそを溶き
入れる。すりごまを加える。

小松菜のかき玉みそ汁

栄養満点の卵と小松菜をたっぷりと。
まろやかな味わいにほっとします。

材料（2人分）

小松菜（3cm長さに切る）… 1/3束（100g）
卵 … 2個
だし汁 … 2カップ
ひと晩発酵みそ … 大さじ3と1/2

作り方

1 鍋にだし汁を中火で煮立て、小松菜を入
れる。ひと煮立ちしたら溶きほぐした卵を
まわし入れ、ふわっと浮いてきたらひと混
ぜする。弱火にし、みそを溶き入れる。

かぶとしらすのみそ汁

かぶは葉も使ってビタミンを摂取。
しらすとの相性も抜群です。

材料（2人分）

かぶ（皮つきのまま1.5cm角に切る）… 1個

かぶの葉（1.5cm幅に切る）… 1個分（約80g）

しらす干し … 大さじ2

だし汁 … 2カップ

ひと晩発酵みそ … 大さじ3

作り方

1 鍋にだし汁を中火で煮立て、かぶを入れ
て3分ほど煮る。かぶの葉を加えて1〜
2分煮たら弱火にし、みそを溶き入れ
る。器に盛り、しらすをのせる。

キャベツと桜えびのみそ汁

やわらかく煮たキャベツは胃にやさしい。
桜えびを加えてカルシウムもたっぷり。

材料（2人分）

キャベツ（ざく切り）… 大1枚（100g）

桜えび … 大さじ2

だし汁 … 2カップ

ひと晩発酵みそ … 大さじ3

作り方

1 鍋にだし汁を中火で煮立て、キャベツを
入れてふたをし、3〜4分煮る。弱火に
し、みそを溶き入れて、桜えびを加える。

アスパラと玉ねぎのみそ汁

オイルがβ-カロテンの吸収をアップ。
洋食にも合うおみそ汁です。

材料（2人分）

グリーンアスパラガス
　（根元の皮をむき5cm長さの斜め切り）… 2本
玉ねぎ（縦薄切り）… 1/4個
オリーブオイル … 小さじ2
だし汁 … 2カップ
ひと晩発酵みそ … 大さじ3

作り方

1 鍋にオリーブオイルを中火で熱し、玉ね
　ぎをしんなりするまで炒める。だし汁を
　加えて煮立て、アスパラを加えて1分ほ
　ど煮る。弱火にし、みそを溶き入れる。
　器に盛り、オリーブオイル少々（分量外）
　をふる。

ピーマンのシャキシャキ豚汁

ほろ苦ピーマンが新鮮。
疲労回復に効果的な成分を含みます。

材料（2人分）

豚バラ薄切り肉（3cm幅に切る）… 80g
ピーマン（縦半分に切ってから横に5mm幅に切る）… 2個
しょうが（せん切り）… 1かけ
ごま油 … 小さじ1
だし汁 … 2カップ
ひと晩発酵みそ … 大さじ3
練りがらし … 少々

作り方

1 鍋にごま油、しょうがを入れて中火で熱
　し、香りが立ったら豚肉を加えて炒める。
　肉の色が変わったらピーマンを加えて
　さっと炒め、だし汁を加えて煮立てる。
　弱火にし、みそを溶き入れる。器に盛り、
　練りがらしをのせる。

焼きなすのみそ汁

炒めたなすにみその甘みが好相性。
みょうがの香りに食欲もアップします。

材料（2人分）

なす（縦半分に切ってから横に3等分に切り、
　　皮に斜めの切り込みを入れる）… 1本

みょうが（小口切り）… 1個

ごま油 … 大さじ1

だし汁 … 2カップ

ひと晩発酵みそ … 大さじ3

作り方

1 鍋にごま油を中火で熱し、なすを皮を下
　　にして入れる。上下を返しながら焼き、
　　両面に焼き色がついたら火を止め、鍋
　　の余分な油を拭く。だし汁を加えて煮立
　　て、弱火にし、みそを溶き入れる。器に
　　盛り、みょうがをのせる。

たっぷりきのこ汁

うまみたっぷりの一杯。きのことみその
整腸作用で、おなかもすっきり。

材料（2人分）

しめじ（ほぐす）… 1パック

まいたけ（ほぐす）… 1/2パック

赤唐辛子（小口切り）… 1/2本

ごま油 … 大さじ1

だし汁 … 2カップ

ひと晩発酵みそ … 大さじ3

万能ねぎ（小口切り）… 1本

作り方

1 鍋にごま油を中火で熱し、しめじ、まいた
　　け、赤唐辛子をしんなりするまで炒める。
　　だし汁を加えて煮立て、弱火にし、みそを
　　溶き入れる。器に盛り、万能ねぎをふる。

長いもとオクラのみそ汁

汁の軽いとろみと、具のシャキシャキ感を
楽しんで。食物繊維もたっぷり。

材料 （2人分）

長いも（ポリ袋に入れ、麺棒で粗めにたたく） … 100g

オクラ（小口切り） … 2本

だし汁 … 2カップ

ひと晩発酵みそ … 大さじ3

作り方

1 鍋にだし汁を中火で煮立て、長いも、オ
クラを入れて1〜2分煮る。弱火にし、
みそを溶き入れる。

カリフラワーのごまみそ汁

〝ひと晩発酵みそ〟の甘みが好相性。
ごまを加えて健康効果をアップ。

材料 （2人分）

カリフラワー（小房に分け、半分に切る）
　　… 1/4個（100g）

白すりごま … 大さじ1

だし汁 … 2カップ

ひと晩発酵みそ … 大さじ3

作り方

1 鍋にだし汁を中火で煮立て、カリフラ
ワーを加える。ふたをして2〜3分煮た
ら弱火にし、すりごまを加え、みそを溶き
入れる。器に盛り、好みで白すりごま少々
（分量外）をふる。

トマトとベーコンのみそスープ

トマトのうまみと酸味に、甘みのある
〝ひと晩発酵みそ〟がよく合います。

材料（2人分）

トマト（1cm角に切る）… 1/2 個

ベーコン（1cm幅に切る）… 1 枚

オリーブオイル … 小さじ1

だし汁 … 2カップ

ひと晩発酵みそ … 大さじ3

粗びき黒こしょう … 適量

作り方

1 鍋にオリーブオイルを中火で熱し、ベーコンをさっと炒める。だし汁を加えて煮立て、トマトを加え、ひと煮立ちしたら弱火にし、みそを溶き入れる。器に盛り、黒こしょうをふる。

かぼちゃのみそポタージュ

ビタミンA、C、Eをすべて含む
かぼちゃのお手軽ポタージュ。

材料（2人分）

かぼちゃ（8mm幅のひと口大に切る）… 100g

玉ねぎ（5mm角に切る）… 1/4 個

オリーブオイル … 小さじ2

A だし汁、牛乳 … 各1カップ

ひと晩発酵みそ … 大さじ3

黒いりごま … 適量

作り方

1 鍋にオリーブオイルを中火で熱し、玉ねぎ、かぼちゃをしんなりするまで炒める。Aを加えてふたをし、煮立ったら弱火で5分ほど煮る。

2 かぼちゃをフォークなどで粗くつぶして、みそを溶き入れる。器に盛り、いりごまをふる。

じゃがいもとコーンの豆乳みそスープ

豆乳と"ひと晩発酵みそ"は相性抜群。
自然な甘みにほっとします。

材料（2人分）

じゃがいも（8等分に切る）… 1個（150g）

ホールコーン（缶詰）… 大さじ3

だし汁 … 1と1/2カップ

豆乳（無調整）… 1/2カップ

ひと晩発酵みそ … 大さじ3

作り方

1 鍋にだし汁、じゃがいもを入れてふたをし、中火で煮立てる。弱めの中火にし、8〜10分煮る。豆乳を加えて温め、コーンを加え、みそを溶き入れる。

発酵食品＋ビタミンＣで
肌トラブルも予防

注ぐだけみそ汁

カップに入れて熱湯を注ぐだけで完成！
〝ひと晩発酵みそ〟のうまみと素材の風味で、だし汁なしでもおいしい、
より手軽な即席みそ汁レシピです。

わかめとお麩

ストックのカットわかめとお麩で
お手軽なのにおいしい一杯に。

材料（2人分）

カットわかめ（乾燥）… 小さじ1
手まり麩 … 6個
ひと晩発酵みそ … 大さじ3

作り方

1 2つのカップにみそ、わかめ、麩
を等分に入れ、熱湯を3/4カッ
プずつ注いで混ぜる。

不足しがちなミネラルを
みそとわかめで補給

焼きのりと白ごま

磯の香りとごまの香ばしさがふわり。
注ぐだけとは思えないおいしさ。

材料 (2人分)

焼きのり (全形) … 1/2枚

白いりごま … 適量

ひと晩発酵みそ … 大さじ3

作り方

1　2つのカップにみそを等分に入れ、熱湯を3/4カップずつ注いで混ぜる。それぞれにのりをちぎり入れ、いりごまを指でつぶしながら散らす。

とろろ昆布と梅干し

昆布のとろみがやさしい。
梅干しの酸味が味の引き締め役に。

材料 (2人分)

とろろ昆布 … ふたつまみ

梅干し … 1個

ひと晩発酵みそ … 大さじ3

作り方

1　2つのカップにみそを等分に入れ、熱湯を3/4カップずつ注いで混ぜる。それぞれにとろろ昆布を加え、梅干しをちぎり入れる。

三つ葉とおろししょうが

キリッとしたしょうがのアクセントで
体が目覚めます。

材料（2人分）

三つ葉（ざく切り）… 4〜5本
おろししょうが … 小さじ1
ひと晩発酵みそ … 大さじ3

作り方

1 2つのカップにみそを等分に入れ、熱湯
を3/4カップずつ注いで混ぜる。それぞ
れに三つ葉、しょうがを加える。

みょうがと青じそ

薬味野菜が主役！
香りよく、夏にぴったりのみそ汁。

材料（2人分）

みょうが（小口切り）… 1/2個
青じそ … 1枚
ひと晩発酵みそ … 大さじ3

作り方

1 2つのカップにみそを等分に入れ、熱湯
を3/4カップずつ注いで混ぜる。それぞ
れにみょうがを加え、青じそをちぎり入れ
る。

〝ひと晩発酵みそ〟で 絶品おかず

大豆の持つ深い味わいを引き出した〝ひと晩発酵みそ〟は、毎日のおかず作りにも大活躍。それだけでも素材のおいしさを引き立てる調味料になりますし、他の調味料と合わせれば、和食はもちろん、洋風のおかずにも使えます。漬け床としてもおすすめです。

味つけは 〝ひと晩発酵みそ〟 だけ

〝ひと晩発酵みそ〟は塩分控えめ、甘みがあるので、他の調味料を使わなくても
おいしくできる料理がたくさんあります。たっぷり使えて、健康効果もばっちり！

みそバタートースト

みそとバターは好相性。塩分控えめだから、たっぷり塗っても塩辛くなりません。

材料（2人分）

食パン … 2枚
ひと晩発酵みそ … 大さじ2
バター、刻みのり … 各適量

作り方

1 食パンにみそをまんべんなく塗り、オーブントースターでこんがり焼く。熱いうちにバター、刻みのりをのせる。

しそみそ焼きおにぎり

みそと青じそを混ぜて、こんがりと。
香ばしさとしその香りがたまりません。

材料（2人分）

温かいごはん … 300g

A（混ぜ合わせる）

　　ひと晩発酵みそ … 大さじ3

　　青じそ（みじん切り）… 2枚

ごま油 … 少々

作り方

1　ごはんは4等分してにぎり、片面に
　　Aを等分に塗る。ごま油を薄く塗っ
　　た魚焼きグリルの網に並べ、4分ほ
　　ど焼く。

かぶのみそ焼き

焼いて甘みの増したジューシーなかぶと、
香ばしく焼けたみそがよく合います。

材料（2人分）

かぶ（皮つきのまま4等分の輪切り）… 1個

ひと晩発酵みそ … 大さじ1と1/2

粉山椒 … 適量

作り方

1　かぶにみそを等分に塗る。魚焼きグリ
　　ルの網に並べ、5〜6分焼く。器に盛
　　り、粉山椒をふる。

みそスクランブルエッグ

甘めのみそと卵の相性は抜群。
いつものひと皿もコクのあるおいしさに。

材料（2人分）

A（混ぜ合わせる）

- 溶き卵 … 2個分
- **ひと晩発酵みそ** … 大さじ1

サラダ油 … 小さじ2

万能ねぎ（小口切り）… 1本

作り方

1 フライパンにサラダ油を中火で熱し、**A**を流し入れ、菜箸で大きく混ぜる。半熟になったら器に盛り、万能ねぎをふる。

厚揚げのねぎみそ焼き

あと一品、というときにも、
お酒のおつまみにもおすすめ。

材料（2人分）

厚揚げ … 1枚（150g）

A（混ぜ合わせる）

万能ねぎ（小口切り）… 1本

ひと晩発酵みそ … 大さじ1と1/2

作り方

1 厚揚げの上面に**A**を塗り、アルミホイルを敷いたオーブントースターの天板にのせ、7〜8分焼く。食べやすく切って器に盛る。

なすのみそ肉巻き

とろりとしたなす、豚バラのコク、みその甘みとうまみの三位一体。絶妙のコラボです。

材料（2人分）

なす（4つ割り）… 2本
豚バラ薄切り肉 … 8枚
ひと晩発酵みそ … 大さじ4
サラダ油 … 小さじ1
スプラウト … 適量

作り方

1. 豚肉の片面にみそを等分に塗り、なすを1切れずつ巻く。

2. フライパンにサラダ油を中火で熱し、①の巻き終わりを下にして並べ、1分ほど焼く。転がしながら2〜3分焼く。

3. 水大さじ2を加えてふたをし、弱火にして7〜8分蒸し焼きにする。器に盛り、スプラウトをのせる。

POINT

なす全体をおおうように、肉を斜めに少しずつずらしながら巻いてみそ味をいきわたらせる。

さ さ 身 と 青 じ そ の み そ チ ー ズ 春 巻 き

淡泊なささ身もみそで風味豊かに。
何もつけなくてもおいしい！　揚げたてを食べて。

材 料 （6本分）

鶏ささ身（筋なし・半分に切る）… 3本
青じそ … 6枚
スライスチーズ（半分に切る）… 3枚
春巻きの皮 … 6枚
ひと晩発酵みそ … 大さじ2
小麦粉、揚げ油 … 各適量

作 り 方

1　ささ身の片面にみそを等分に塗る。春巻きの皮を広げ、チーズ、ささ身、青じそをのせて巻く。巻き終わりに同量の水で溶いた小麦粉をつけてとめる。

2　フライパンに揚げ油を深さ1.5cmほど注ぎ、中温（約170℃）に熱する。1の巻き終わりを下にして入れ、3分ほど揚げる。上下を返してさらに3分ほど揚げる。

POINT

皮の角を手前にして置き、手前にチーズとささ身、奥に青じそをのせて巻くと、青じその緑が透けてきれいな揚げ上がりに。

主役のおかずに

いつものおかずも、〝ひと晩発酵みそ〟を使うと新しい味わいに。
下味つけや洋風おかずにも大活躍します。
塩分控えめでたっぷり使えるから、うまみも満載のひと皿に。

鶏むね肉のみそから揚げ

みその力で、パサつきがちなむね肉がジューシーに。
ほどよい塩けと甘みの、やさしい味わいです。

材料（2人分）

鶏むね肉（ひと口大に切る）… 2枚（500g）
A ひと晩発酵みそ … 大さじ4
　　しょうゆ、みりん、酒 … 各小さじ2
　　おろししょうが … 1かけ分
薄力粉 … 大さじ2
片栗粉 … 大さじ4
揚げ油 … 適量

作り方

1. 保存袋にAを入れて混ぜ、鶏肉を加えてもむ。空気を抜いて口を閉じ、冷蔵室にひと晩おく。

2. ①に薄力粉を加えてもみ、バットに移す。片栗粉を1切れずつまぶす。

3. 揚げ油を中温（約170℃）に熱し、②を入れ※、3〜4分揚げる。取り出して3分ほど休ませる。揚げ油を高温（約190℃）にし、再び30秒〜1分揚げる。

　※一度にたくさん入れると油の温度が下がってしまうので、揚げきれないときは2〜3回に分けて揚げる。

POINT

鶏肉になじませるように、下味をもみ込む。ひと晩発酵みそは塩分が少ないので、ひと晩おいてじっくりと下味をなじませることで、ジューシーに仕上がる。

豚肉とチンゲン菜のみそ炒め

定番の組み合わせを、やさしいみそ風味の炒めものに。ごま油の香りがそそります。七味はお好みで。

材料（2人分）

豚こま切れ肉 … 200g

チンゲン菜（長さを4等分に切り、根元は6つ割り）… 2株

ごま油 … 小さじ2

A（混ぜ合わせる）

　ひと晩発酵みそ、酒 … 各大さじ2

　しょうゆ … 小さじ1

七味唐辛子 … 適量

作り方

1 フライパンにごま油を中火で熱し、豚肉、チンゲン菜の根元を炒める。肉の色が変わったら残りのチンゲン菜を加えてさっと炒める。

2 Aを加えてひと炒めし、器に盛り、七味唐辛子をふる。

みそつくね

みそを混ぜ込むことでコクが出て、口当たりもやわらかに。お弁当のおかずにもおすすめです。

材料（2人分）

鶏ひき肉 … 200g

長ねぎ（みじん切り）… 10㎝

A　ひと晩発酵みそ … 大さじ3
　　こしょう … 各少々

サラダ油 … 小さじ2

酒 … 大さじ1

スプラウト … 適量

作り方

1　ボウルにひき肉、長ねぎ、Aを入れて粘りが出るまでよく練り混ぜる。手にサラダ油少々（分量外）を塗り、6等分の円形に整える。

2　フライパンにサラダ油を弱めの中火で熱し、1を並べ入れて片面1〜2分ずつ焼く。酒をふってふたをし、弱火で2〜3分蒸し焼きにする。スプラウトとともに器に盛る。

鯛のホイル焼き みそバター風味

淡泊な鯛に、"ひと晩発酵みそ"＋バターの風味がよく合います。すだちの香りをアクセントに。鮭、たらなどで作るのもおすすめです。

材料 (2人分)

鯛 … 2切れ

長ねぎ (斜め薄切り) … 1/2本

ミニトマト … 8個

A (混ぜ合わせる)

　ひと晩発酵みそ … 大さじ2

　酒 … 大さじ1

バター … 20g

すだち (またはレモン) … 2切れ

作り方

1 アルミホイルを広げ、長ねぎの半量、鯛1切れの順にのせる。鯛にAの半量を塗り、ミニトマトを4個のせてホイルの口を閉じる。残りも同様に包む。

2 フライパンに水を1cm深さに注いで煮立て、①を並べ入れる。弱めの中火にし、ふたをして12分ほど蒸し焼きにする。器に盛り、バターをのせ、すだちを添える。

かぶと鶏のごまみそ煮

やさしいみそ味に、相性のいいごまをたっぷりと。香ばしさとコクが広がり、体がじんわりと温まるひと皿です。

材料（2人分）

鶏もも肉（ひと口大に切る）… 1枚（250g）

かぶ（皮をむき、6つ割り）… 2個

かぶの葉（4cm長さに切る）… 1個分（80g）

A だし汁 … 3/4カップ

　ひと晩発酵みそ … 大さじ2

　みりん … 小さじ2

　しょうゆ … 小さじ1

白練りごま、白すりごま … 各大さじ1

作り方

1 鍋にAを合わせて鶏肉を入れ、中火にかける。煮立ったら鶏肉の上下を返してかぶを加え、落としぶたをする。弱火にし、ときどき混ぜながら8分ほど煮る。

2 かぶの葉を加えて2分ほど煮たら、練りごま、すりごまを加えてなじませる。

白菜と豚肉のゆずみそ鍋

くたくたに煮た白菜が体にやさしい。甘めのみそ味に、ゆずこしょうの風味がアクセント。

材料 (2人分)

豚ロースしゃぶしゃぶ用肉 … 200g

白菜 (葉と芯を切り分け、それぞれ4cm四方に切る)
… 1/4株 (500g)

長ねぎ (斜め薄切り) … 1本

A ひと晩発酵みそ … 大さじ4
　 しょうゆ、酒 … 各小さじ1

だし汁 … 3カップ

ゆずこしょう … 小さじ1

ごま油 … 適量

作り方

1 鍋にだし汁を中火で煮立て、白菜の芯を加えて弱めの中火にし、ふたをして5分ほど煮る。

2 Aで調味し、白菜の葉、長ねぎを加え、3分ほど煮る。ゆずこしょう、豚肉を加え、肉の色が変わったらごま油をまわしかける。

POINT

火の通りにくい白菜の芯は、先にやわらかくなるまで煮る。みそは少しずつ煮汁で溶きながら加えて。

しそ入りみそ餃子

みそで下味をつけているから、何もつけなくてもおいしい。青じそがほんのりと香り、コクがあるのにすっきり味。

材料（2人分）

豚ひき肉 … 80g

キャベツ（芯を除いて5mm四方に切る） … 2枚（100g）

青じそ（みじん切り） … 5枚

餃子の皮（大判） … 12枚

塩 … 小さじ1/4

A　しょうが（みじん切り）、にんにく（みじん切り）
　　… 各1/2かけ

　　ひと晩発酵みそ … 大さじ1と1/2

　　ごま油 … 小さじ1

サラダ油 … 大さじ1

作り方

1 ボウルにキャベツを入れ、塩をふってもみ、5分ほどおいてから水けをしぼる。別のボウルにひき肉、Aを入れて練り混ぜ、キャベツ、青じそを加えて混ぜる。餃子の皮で等分に包む。

2 フライパンにサラダ油を中火で熱し、いったん火を止めて1を並べる。再び中火にかけ、焼き色がつくまで4〜5分焼いたら、水1/2カップを加え、ふたをして4分ほど蒸し焼きにする。

3 ふたをはずし、水けがほぼなくなったらごま油適量（分量外）をまわしかけ、カリッとするまで焼く。

POINT

皮の中心にたねを大さじ1ほどのせ、縁に水をつけてひだを4〜5か所寄せながら包む。はがれないように合わせ目をしっかりと押さえて。

ブロッコリーとベーコンのみそグラタン

"ひと晩発酵みそ" と乳製品の相性は抜群！こっくりとやさしい風味のホワイトソースで野菜がおいしい。

材料（2人分）

ブロッコリー（小房に分ける）… 3/4個（150g）

玉ねぎ（縦薄切り）… 1/2個

ベーコン（1cm幅に切る）… 2枚

バター … 20g

薄力粉 … 大さじ3

牛乳 … 2カップ

A　ひと晩発酵みそ … 大さじ3

　　こしょう … 少々

ピザ用チーズ … 50g

作り方

1 フライパンにバターを中火で熱し、玉ねぎ、ベーコンをしんなりするまで炒める。弱火にして薄力粉をふり、粉けがなくなるまで炒める。

2 牛乳を少しずつ加えて混ぜ、ブロッコリーを加えて中火にし、とろみがつくまで煮て、**A**で調味する。耐熱の器に入れ、チーズを散らし、オーブントースターで5〜8分、焼き色がつくまで焼く。

ごろごろ野菜のみそポトフ

野菜がたっぷり食べられる煮込み。具材のうまみが溶け出た、やさしいみそ味のスープも体にしみます。

材料（2人分）

にんじん（縦半分に切る）… 1/2本

キャベツ（半分のくし形切り）… 1/4個（300g）

セロリ（筋を取り、7〜8cm長さに切る）… 1本

ウィンナソーセージ … 4本

キドニービーンズ（水煮）… 50g

ローリエ … 1枚

洋風スープの素 … 小さじ1

ひと晩発酵みそ … 大さじ3

こしょう、フレンチマスタード … 各適量

作り方

1. 厚手の鍋に水3カップ、にんじん、スープの素を入れてふたをし、中火で煮立てる。ローリエ、キャベツ、セロリを加えて再び煮立ったら弱火にし、ふたをして20分ほど煮る。

2. にんじんがやわらかくなったらソーセージ、キドニービーンズを加えて5分ほど煮る。みそを溶き入れて、こしょうをふる。器に盛り、マスタードを添える。

しょうが風味のみそプルコギ

調味料をからめておくことで、よく味がしみて、肉もやわらかに。たっぷりのしょうがで、体が内側から温まります。

材料（2人分）

牛こま切れ肉 … 200g

玉ねぎ（縦薄切り）… 1/2個

パプリカ（赤・縦薄切り）… 1/2個

A　おろししょうが … 1かけ分

　　ひと晩発酵みそ … 大さじ3

　　酒、水 … 各大さじ2

　　ごま油 … 大さじ1

　　しょうゆ … 小さじ2

香菜（ざく切り）、白いりごま … 各適量

作り方

1. ボウルにAを合わせ、牛肉、玉ねぎ、パプリカを加えて混ぜ、10分ほどおく。

2. フライパンに①を汁ごと入れて弱めの中火にかけ、牛肉の色が変わるまで混ぜながら炒める。器に盛り、香菜を添え、いりごまを散らす。

POINT

具材に調味料をからめておくことで、味がよくしみるのに加え、みそや玉ねぎの酵素の働きで、肉がやわらかに仕上がる。

麺・ごはんに

麺やごはんにもよくなじみ、他の調味料との組み合わせで
洋風、和風を問わずやさしいコクが増す〝ひと晩発酵みそ〟。
深い味わいで、おなかも心も満足のひと皿に。

みそカルボナーラ

ソースはボウルで混ぜるだけ。生クリームを使っていないのにコクたっぷりに仕上がるのは、"ひと晩発酵みそ"のおかげ。

材 料（2人分）

スパゲッティ（乾）… 180g

ベーコン（1cm幅に切る）… 2枚

A 卵（室温に戻す）… 2個

パルメザンチーズ、**ひと晩発酵みそ** … 各大さじ2

粗びき黒こしょう … 適量

作 り 方

1 鍋に2ℓの湯を沸かして塩小さじ2（分量外）を加え、スパゲッティを袋の表示時間通りにゆでる。

2 大きめのボウルにAを入れてよく混ぜ、ベーコンを加えてさっと混ぜる。ゆで上がったスパゲッティを加えて手早く混ぜる。器に盛り、黒こしょうをふる。

POINT

ソースを混ぜたボウルにしっかり湯をきったスパゲッティを加え、よく混ぜる。しっかり混ぜるとクリーミーな仕上がりに。

みそハヤシライス

トマトとみそのうまみが広がるひと皿。
黒大豆の〝ひと晩発酵みそ〟（P13参照）で作るのもおすすめです。

材料（2人分）

牛こま切れ肉 … 150g

玉ねぎ（縦半分に切ってから横1cm幅に切る）… 1個

マッシュルーム（薄切り）… 1パック

ホールトマト（缶詰・実をつぶす）… 1/2缶（200g）

オリーブオイル … 大さじ2

塩、こしょう … 各少々

薄力粉 … 大さじ1

赤ワイン … 1/4カップ

A（混ぜ合わせる）

　ひと晩発酵みそ … 大さじ4

　中濃ソース、トマトケチャップ … 各大さじ1

温かいごはん … 茶わん2杯分

パセリ（みじん切り）… 適量

作り方

1　フライパンにオリーブオイルを中火で熱し、玉ねぎをしんなりするまで炒める。牛肉、マッシュルームを加え、塩、こしょうをふってさらに炒め、肉の色が変わったら、薄力粉をふり、粉っぽさがなくなるまで炒める。

2　赤ワインを加えて煮立て、ホールトマト、水1/2カップを加える。ふたをして煮立ったら弱火にし、ときどき混ぜながら10分ほど煮る。Aを加えてひと煮立ちさせ、器に盛ったごはんにかける。パセリを散らす。

みそバターチキンカレー

定番のカレーもみそで新たな味わいに。
ほどよく酸味や辛みが抑えられ、深い味わいに仕上がります。

材料 （2人分）

鶏もも肉 （ひと口大に切る）
　　… 1枚 （250g）

玉ねぎ （みじん切り） … 1個

さやいんげん （4等分に切る） … 5本

塩 … 小さじ1/4

こしょう … 少々

A　プレーンヨーグルト … 大さじ3
　　カレー粉 … 大さじ2

サラダ油 … 大さじ2

B　ホールトマト （缶詰・実をつぶす）
　　… 1/2缶 （200g）
　　おろしにんにく、
　　　おろししょうが … 各1かけ分

ひと晩発酵みそ … 大さじ3

バター … 20g

雑穀ごはん … 茶わん2杯分

作り方

1　鶏肉は塩、こしょうをふってもみ、ポリ袋に入れる。Aを加えてもみ、空気を抜いて口を閉じ、冷蔵室にひと晩おく。

2　フライパンにサラダ油を中火で熱し、玉ねぎを焼き色がつくまで炒める。端に寄せ、鶏肉を漬けだれごと加え、両面を2〜3分かけて焼く。Bを加えて3〜4分炒め、水1/2カップを加えて煮立てる。弱めの中火にしてふたをし、ときどき混ぜながら8分ほど煮る。

3　いんげんを加えて混ぜながら2分ほど煮て、みそ、バターを加えて混ぜる。器に盛ったごはんに添え、好みでプレーンヨーグルト適量 （分量外） をかける。

POINT

ヨーグルトをもみ込んでひと晩おくことで、鶏肉がやわらかく、風味も豊かに仕上がる。

みそ豆乳担々麺

あっさりめの豆乳スープがやさしい。
みそと豆乳で、大豆の栄養がたっぷりとれます。

材料（2人分）

豚ひき肉 … 100g

中華麺 … 2袋

A 長ねぎ（みじん切り）
　　　… 10cm
　　しょうが（みじん切り）
　　　… 1/2かけ
　　にんにく（みじん切り）
　　　… 1/2かけ

ごま油 … 小さじ1

豆板醤 … 小さじ1/2

オイスターソース … 小さじ1

ひと晩発酵みそ … 小さじ1

鶏ガラスープの素（顆粒） … 小さじ1/2

B （混ぜ合わせる）

豆乳（無調整） … 1カップ

ひと晩発酵みそ … 大さじ3

白練りごま … 大さじ1

しょうゆ … 小さじ1

香菜（ざく切り） … 適量

作り方

1　フライパンにごま油と**A**を入れて中火で熱し、香りが立ったらひき肉、豆板醤を加えて炒める。肉の色が変わったらオイスターソース、みそを加えて炒め、取り出す。

2　1のフライパンをきれいにし、水1カップ、鶏ガラスープの素を入れて中火で煮立てる。**B**を加えて混ぜる。

3　麺を袋の表示通りにゆでて流水で洗い、しっかりと水けをきって器に盛る。2を注ぎ、1、香菜をのせる。

蒸し鶏の冷やしうどん

みその風味が引き立つ豆乳だれでいただきます。
梅を少しずつくずしながらどうぞ。

材料（2人分）

鶏ささ身 … 4本（220g）

きゅうり（細切り）… 1本

梅干し（種を除いてたたく）… 2個

うどん（冷凍）… 2袋

酒 … 大さじ1

塩 … 少々

A（混ぜ合わせる）

　豆乳（無調整）… 3/4カップ

　ひと晩発酵みそ … 大さじ2と1/2

　白すりごま … 大さじ2

　薄口しょうゆ（またはしょうゆ）… 小さじ2

作り方

1 ささ身は耐熱皿にのせて酒、塩をふり、ふんわりとラップをかけて電子レンジで2分30秒ほど加熱する。ラップをかけたまま粗熱を取り、食べやすくさく。

2 うどんは袋の表示通りに加熱して冷水で洗い、しっかりと水けをきって器に盛る。きゅうり、11をのせてAをかけ、梅干しを添える。

鶏とれんこんのみそ炊き込みごはん

鶏肉のうまみとみそのコクが広がるごちそうごはん。
米をしっかり浸水させると、具材をのせても失敗なく炊き上がります。

材料（4〜5人分）

鶏もも肉（1.5cm角に切る）… 1/2枚（150g）

れんこん（1cm角に切り、水に5分ほどさらす）

　　… 1節（150g）

米（洗って30分浸水させ、ざるに上げる）… 2合

A（混ぜ合わせる）

　ひと晩発酵みそ… 大さじ4

　酒 … 大さじ2

　しょうゆ … 小さじ4

万能ねぎ（小口切り）… 適量

作り方

1　炊飯器の内釜に米、**A**を入れ、2合の目盛り通りに水を加え、軽く混ぜる。水けをきったれんこん、鶏肉をのせて炊飯する。さっくりと混ぜて器に盛り、万能ねぎを散らす。

みそ高菜チャーハン

"ひと晩発酵みそ"のやさしい甘みと、高菜漬けのほどよい塩けが絶妙。松の実のコリッとした食感がアクセントになります。

材料 (2人分)

高菜漬け (粗く刻む) … 70g

長ねぎ (みじん切り) … 10㎝

松の実 … 大さじ1

温かいごはん … 茶わん2杯分 (300g)

ごま油 … 大さじ2

A 卵 … 1個

　　ひと晩発酵みそ … 大さじ2

　　しょうゆ … 小さじ1

　　赤唐辛子 (小口切り) … ひとつまみ

作り方

1 ボウルにAを入れて混ぜ、ごはんを加えて混ぜる。

2 フライパンにごま油を強めの中火で熱し、①を入れ、ごはんをほぐすように炒める。パラパラになったら高菜漬けを加えて炒め合わせる。長ねぎ、松の実を加えてさっと炒める。

POINT

あらかじめ卵液をごはんにからめておくことで、味が均一にいきわたり、パラリとした仕上がりになる。

漬け床に

〝ひと晩発酵みそ〟とみりんを4:1の割合で混ぜるだけで、
肉や魚をおいしくする漬け床にも。こげやすいので、
様子を見ながら焼き加減を調整して。
ぬぐったみそはみそ汁に使えます。加熱してどうぞ。

豚肉のみそ漬け焼き

甘みのあるみそ味がじんわりしみていきます。豚肉の脂のコクと合わさって、やみつきのおいしさ。

材料（2人分）

豚ロースとんかつ用肉 … 2枚（300g）

レタス（細切り）… 2〜3枚

A（混ぜ合わせる）

　ひと晩発酵みそ … 大さじ4

　みりん … 大さじ1

ごま油 … 小さじ2

作り方

1 豚肉は筋切りをして保存袋に入れ、**A**を加えてもみ、全体にからめる。空気を抜いて口を閉じ、冷蔵室にひと晩おく。

2 フライパンにごま油を弱めの中火で熱し、ゴムべらで**A**をぬぐった豚肉を入れて、2〜3分焼く。上下を返して弱火にし、ふたをして3〜4分焼く。食べやすく切り、レタスとともに器に盛る。

POINT

保存袋に豚肉と漬け床を入れてからめる。よくもむことで味がいきわたり、肉がやわらかに仕上がる。

鮭のみそ漬け焼き

塩焼きとは違うやさしい味わい。お弁当にもぴったりです。ぶりや鯛などでも同様に作れます。

材料（2人分）

生鮭 … 2切れ（200g）

ししとう（竹串で数か所穴をあける）… 8本

A（混ぜ合わせる）

　ひと晩発酵みそ … 大さじ4

　みりん … 大さじ1

作り方

1 鮭は保存袋に入れ、**A**を加えて全体にからめ、空気を抜いて口を閉じ、冷蔵室にひと晩おく。

2 ゴムべらで**A**をぬぐい、魚焼きグリルの網に並べる。ししとうも並べ、5〜6分焼く。

きゅうりとかぶのみそ漬け

"ひと晩発酵みそ" のみそ床は野菜を漬けるのもおすすめ！
塩けが控えめだから、みそは落とさず、そのままどうぞ。

材料（2人分）

きゅうり（斜め薄切り）… 1本

かぶ（縦半分に切ってから縦薄切り）… 1個（100g）

A ひと晩発酵みそ … 大さじ4

　みりん（煮きる※）… 大さじ1

※電子レンジでラップはかけずに40〜50秒加熱し、
アルコール分を飛ばす。

作り方

1 ポリ袋にAを入れてもみ混ぜ、
きゅうり、かぶを加えてなじませ、
冷蔵室にひと晩おく。

常備菜

ごはんが進むちょっとした常備菜。
いつものきんぴらやそぼろも〝ひと晩発酵みそ〟で調味すれば、
目先の変わったひと品になります。

日持ち 冷蔵で3〜4日

にんじんのくるみみそラペ

にんじんの甘みが引き立つ味つけ。
くるみが食感のアクセントに。

材料（作りやすい分量）

にんじん（細切り）… 1本

くるみ（ロースト・粗く刻む）… 30g

オリーブオイル … 小さじ1

A（混ぜ合わせる）

　　ひと晩発酵みそ … 大さじ2

　　みりん、酢、水 … 各小さじ2

作り方

1 フライパンにオリーブオイルを中火で熱し、にんじんを炒める。油がまわったらAを加え、なじんだら、くるみを加えてひと混ぜする。

日持ち 冷蔵で4〜5日

れんこん入り鶏そぼろ

混ぜてから加熱するとなめらかに。
卵焼きに混ぜても。

材料（作りやすい分量）

鶏ひき肉 … 200g

れんこん（5mm角に切る）… 70g

A　ひと晩発酵みそ … 大さじ3

　　酒、水 … 各大さじ2

　　しょうゆ、みりん … 各大さじ1

作り方

1 鍋にA、ひき肉、れんこんを入れて混ぜ、中火にかける。菜箸で混ぜながら、汁けがほぼなくなり、うっすらと色づくまで炒める。

みそきんぴら

自然なやさしい甘みが広がります。
定番だけど新しい味わいに。

材料（作りやすい分量）

ごぼう（ささがきにして水に5分さらす）… 1本（150g）

にんじん（細切り）… 1/4本

赤唐辛子（小口切り）… 1本

ごま油 … 小さじ1

A（混ぜ合わせる）

　ひと晩発酵みそ … 大さじ2

　みりん、酒、水 … 各大さじ1

　しょうゆ … 小さじ1

白いりごま … 適量

作り方

1 フライパンにごま油を中火で熱し、赤唐辛子、水けをきったごぼう、にんじんを2〜3分炒める。ごぼうが透き通ってきたら**A**を加え、汁けがなくなるまで炒める。器に盛り、いりごまを散らす。

青菜のみそ白あえ

砂糖を使わないから、おだやかな甘み。
他の野菜にも応用できるあえごろもです。

材料（作りやすい分量）

ほうれん草 … 1束

春菊 … 1/2束

絹ごし豆腐 … 1/2丁（200g）

A **ひと晩発酵みそ**、白すりごま… 各大さじ3

作り方

1 豆腐はキッチンペーパーで二重に包んで耐熱皿にのせ、電子レンジで1分30秒ほど加熱し、そのまま15分ほどおく。

2 鍋に湯を沸かし、塩少々（分量外）を加え、ほうれん草、春菊を根元から入れる。30秒ほどたったら全体を沈めて10秒ほどゆでる。水にとって冷まし、しっかりと水けをしぼり、4cm長さに切る。

3 ボウルに①、**A**を入れてなめらかになるまで混ぜ、②を加えてあえる。

きゅうりの酢みそあえ

軽快な食感に箸が止まらないひと皿。
ほんのりとからしがきいています。

材料（作りやすい分量）

きゅうり（3mm幅の小口切り）… 2本

塩 … ふたつまみ

A（混ぜ合わせる）

 ひと晩発酵みそ … 大さじ2

 みりん（煮きる※）… 大さじ1

 酢 … 小さじ1

 練りがらし … 小さじ1/4

※電子レンジでラップはかけずに40〜50秒加熱し、アルコール分を飛ばす。

作り方

1 きゅうりは塩をふってもみ、5分ほどおいてから水けをしぼる。Aを加えてあえる。

パプリカのみそナムル

ごま油の風味でコクがアップ。
色鮮やかで食卓を明るくします。

材料（作りやすい分量）

パプリカ（黄・縦半分、横半分に切り、縦1cm幅に切る）
 … 1個

ごま油 … 小さじ2

A（混ぜ合わせる）

 ひと晩発酵みそ、水 … 各大さじ1

 しょうゆ … 小さじ1

白いりごま … 小さじ1

作り方

1 フライパンにごま油を中火で熱し、パプリカをさっと炒める。Aを加えてさらに炒め、汁けがほぼなくなったら、いりごまをふって混ぜる。

みそポテト

にんにくの香りにそそられます。
冷めてもおいしく、おやつやおつまみにも。

切り干し大根のみそ煮

いつもの切り干しをみそ味で。
お弁当にもおすすめ。

材料（作りやすい分量）

じゃがいも（6等分に切る）… 小4個（400g）

オリーブオイル … 大さじ2

A（混ぜ合わせる）

> **ひと晩発酵みそ** … 大さじ3
>
> みりん、酒 … 各大さじ1
>
> おろしにんにく … 1/2かけ分

一味唐辛子 … 適量

作り方

1 じゃがいもは耐熱皿にのせ、ふんわりと
ラップをかけて電子レンジで6分ほど、
竹串がすっと通るまで加熱する。

2 フライパンにオリーブオイルを中火で熱
し、**1**を入れ、焼き色がつくまで焼く。
弱火にし、**A**を加えて汁けを飛ばすよう
に炒め合わせる。器に盛り、一味唐辛子
をふる。

材料（作りやすい分量）

切り干し大根（乾燥・さっと洗い、かぶるくらいの
　　　　　　水に20分ほどつけてもどす）… 60g

にんじん（細切り）… 1/4本

油揚げ（細長く半分に切って1cm幅に切る）… 1枚

サラダ油 … 小さじ2

A（混ぜ合わせる）

> だし汁 … 1と1/2カップ
>
> **ひと晩発酵みそ** … 大さじ3
>
> みりん … 大さじ2
>
> しょうゆ … 大さじ1

作り方

1 鍋にサラダ油を中火で熱し、水けをし
ぼった切り干し大根を1分ほど炒める。
にんじん、油揚げを加えてさっと炒め、**A**
を加える。

2 煮立ったら落としぶたをし、弱火で20分
ほど煮る。

ドレッシング

野菜がグッとおいしくなるドレッシング。健康効果もプラスされて、一石二鳥！
サラダだけでなく、炒めものの味つけやつけだれとしても使えます。

※でき上がり約3/4カップ。日持ちは冷蔵室で3〜4日。

みそドレッシング

シンプルなレタスサラダも、ペロリ。たっぷりかけて。

材料（作りやすい分量）

ひと晩発酵みそ、オリーブオイル、水各大さじ3、酢大さじ1と1/2を混ぜ合わせる。

梅みそドレッシング

梅干しの酸味でさっぱり。豚しゃぶにもおすすめ。

材料（作りやすい分量）

ひと晩発酵みそ、オリーブオイル、水各大さじ3、種を除いてたたいた梅干し3個分、酢大さじ1を混ぜ合わせる。

玉ねぎみそドレッシング

玉ねぎと合わせて血液サラサラ効果をプラス。

材料（作りやすい分量）

おろし玉ねぎ（電子レンジで1分30秒加熱する）1/2個分、**ひと晩発酵みそ**、しょうゆ、オリーブオイル、酢各大さじ2を混ぜ合わせる。

しょうがの中華ドレッシング

炒めものや蒸しものの味つけにもぴったり。

材料（作りやすい分量）

おろししょうが2かけ分、**ひと晩発酵みそ**、ごま油、酢各大さじ2、しょうゆ小さじ4を混ぜる。

たれ

〝ひと晩発酵みそ〟に香ばしさや酸味、辛みをプラスすると、新しい味に出会えます。かけたり、あえたり、つけたりと使い方は工夫次第。

※でき上がり約1/4カップ。日持ちは冷蔵室で3〜4日。

ごまみそだれ

サラダや蒸し鶏など、幅広く使える万能だれ。

材料（作りやすい分量）

ひと晩発酵みそ 大さじ2、みりん（煮きる※）、水各大さじ1、白すりごま小さじ2、酢小さじ1を混ぜ合わせる。

※電子レンジでラップはかけずに40〜50秒加熱し、アルコール分を飛ばす。

コチュジャンみそだれ

温野菜や湯豆腐、蒸し魚、餃子にも合うピリ辛味。

材料（作りやすい分量）

ひと晩発酵みそ、みりん（煮きる※）各大さじ1、コチュジャン小さじ2、酢小さじ1を混ぜ合わせる。

※電子レンジでラップはかけずに40〜50秒加熱し、アルコール分を飛ばす。

黒酢ねぎみそだれ

具材感のあるさっぱりだれ。から揚げなど揚げものにも。

材料（作りやすい分量）

長ねぎのみじん切り5cm分、**ひと晩発酵みそ** 大さじ2、黒酢、ごま油、水各大さじ1を混ぜ合わせる。

ディップ

〝ひと晩発酵みそ〞は塩分控えめなので、そのままでもディップとして活用できます。
スティック野菜やパン、クラッカーと一緒にどうぞ。おやつやおつまみに。
おもてなしにも便利です。※日持ちは冷蔵室で3〜4日。

チーズみそディップ

野菜がおいしい！
チーズのコクとみそは好相性。

材料（2〜3人分）

ひと晩発酵みそ 大さじ2、クリームチーズ2個（36g）を混ぜ合わせる。

くるみみそディップ

〝ひと晩発酵みそ〞のおだやかな味わいに香ばしさをプラス。

材料（2〜3人分）

ひと晩発酵みそ 大さじ4、くるみ（ロースト・刻む）20gを混ぜ合わせる。

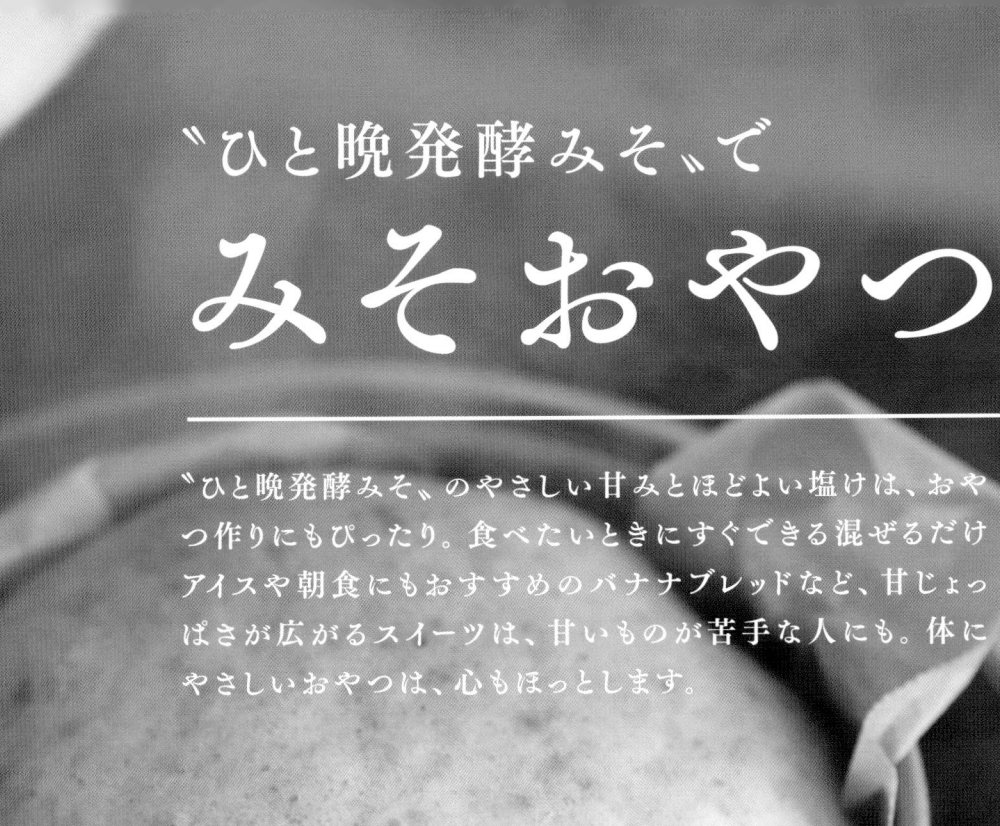

〝ひと晩発酵みそ〟で
みそおやつ

〝ひと晩発酵みそ〟のやさしい甘みとほどよい塩けは、おやつ作りにもぴったり。食べたいときにすぐできる混ぜるだけアイスや朝食にもおすすめのバナナブレッドなど、甘じょっぱさが広がるスイーツは、甘いものが苦手な人にも。体にやさしいおやつは、心もほっとします。

みそアイス

市販のアイスに混ぜるだけ。
甘じょっぱさがくせになります。
混ぜたら、もう一度冷やしかためると盛りつけやすくなります。

材料（2人分）

バニラアイス … 2個（280㎖）
ひと晩発酵みそ … 大さじ3

作り方

1 バニラアイスは3分ほど室温においてから、みそを加えて混ぜる。

きな粉みそトリュフ

ころんとかわいい、和風のひと口トリュフチョコ。
生クリームを使わなくてもコクがあり、やわらかです。

材料（約12個分）

ホワイトチョコレート（刻む）… 80g

ひと晩発酵みそ、牛乳（室温に戻す）

　… 各大さじ1

ピーナッツ（または好みのナッツ・粗く刻む）

　… 10g

きな粉 … 適量

POINT

さわると少し熱いと感じるくらいが約50℃。湯の温度が高すぎると分離してしまうので気をつけて。

作り方

1. ボウルにチョコレートを入れ、底を50℃くらいの湯に当て、ゴムべらなどで混ぜながら溶かす。湯せんをはずし、みそ、牛乳を加えてよく混ぜる。ピーナッツを加えて混ぜる。

2. スプーンでひと口大にすくい、オーブンシートを敷いたバットの上に落とす。ラップはかけずに冷蔵室で30分ほど冷やす。手早く丸め、きな粉を入れたバットに入れ、転がすようにしてまぶす。再び冷蔵室で冷やす。

みそごまサブレ

黒ごまが香ばしいみそ風味のサブレ。榎本家の定番おやつです。カリッとかためで、素朴な味わいがくせになります。

材料 （直径3.5cm約28枚分）

A 薄力粉 … 75g
　　アーモンドパウダー … 25g
　　きび砂糖 … 30g
　　黒いりごま … 大さじ2
　　塩 … ひとつまみ

ひと晩発酵みそ … 大さじ1

太白ごま油 （またはサラダ油）
　　… 大さじ3

豆乳 （無調整） … 小さじ2

作り方

1 ボウルにAを入れてスプーンなどで混ぜる。みそ、太白ごま油を加え、全体が均一にぽろぽろになるまで手ですり混ぜる。豆乳を加えて手で混ぜ、生地をひとまとめにする。

2 台に取り出し、麺棒で厚さ5mmにのばし、型で抜く。オーブンシートを敷いた天板に並べ、170℃に予熱したオーブンで15〜20分焼き、網などにのせて冷ます。

POINT

しっかりと手ですり混ぜてぽろぽろにすることで、サクッとした食感になる。

みそチーズケーキ

ほんのり塩味がチーズを引き立てます。甘いものが苦手な方にも。冷凍保存できるのもうれしいところ。

材料（直径15cmの丸型 1台分）

クリームチーズ（室温に戻す）… 200g

ひと晩発酵みそ … 大さじ3

グラニュー糖 … 50g

生クリーム … 80ml

卵（室温に戻す）… 1個

薄力粉 … 大さじ2

作り方

1 ボウルにクリームチーズとみそを入れ、ゴムべらでなめらかになるまで混ぜ、グラニュー糖を加えてすり混ぜる。生クリーム、溶きほぐした卵をそれぞれ少しずつ加え、そのつど泡立て器で静かに混ぜる。

2 なめらかになったら薄力粉をふるい入れ、ゴムべらで底からすくうように混ぜる。粉けがなくなったらオーブンシートを敷いた型に流し入れ、表面をならす。3cmほどの高さから数回落として空気を抜く。

3 180℃に予熱したオーブンで40〜50分焼く。竹串を刺してみて、生地がついてこなければ焼き上がり。粗熱を取り、冷蔵室でひと晩冷やす。

※冷凍保存も可。食べやすく切り、ラップで包んで冷凍室へ。日持ちは約1か月。食べるときは冷蔵室で解凍を。

POINT

生地に薄力粉を加えたら、混ぜすぎると食感が悪くなるので、ゴムべらでさっくりと混ぜる。

みそミルクプリン

"ひと晩発酵みそ"と牛乳の相性は抜群です。ミルキーな甘さの中にほんのり塩味とコクがプラスされます。

材料（200mlのカップ4個分）

牛乳 … 2カップ
きび砂糖 … 50g
生クリーム … 3/4カップ
ひと晩発酵みそ … 大さじ3
粉ゼラチン（水大さじ1をふってふやかす）
　… 5g

作り方

1. 鍋に牛乳、きび砂糖を入れ中火にかける。混ぜながら沸騰直前まで温め、火を止める。ふやかしたゼラチン、みそを加えて混ぜ溶かし、ざるでこしながらボウルに入れる。

2. 生クリームを加えて混ぜ、カップに注ぎ入れ、冷蔵室で4〜5時間冷やしかためる。

POINT

みそを混ぜたら一度ざるでこし、なめらかに。ざるに残った麹は、よくつぶして加えて。

みそマーラーカオ

ほかほかの蒸したては、気持ちもほっとするおいしさ。
おだやかな甘さで、朝ごはんにもおすすめです。

材料（直径15cmの丸型1台分）

A 卵（室温に戻す）… 3個

　豆乳（無調整・室温に戻す）… 大さじ2

　ひと晩発酵みそ、ココナッツオイル

　　（またはサラダ油）… 各大さじ3

　はちみつ … 大さじ1

B 薄力粉 … 120g

　きび砂糖 … 70g

　ベーキングパウダー … 小さじ2

作り方

1 ボウルにAを入れ、泡立て器で全体が少し白っぽくなるまで混ぜる。

2 Bを合わせてふるい入れ、ゴムべらで底からすくうように混ぜる。混ぜすぎるとふくらみにくくなるので、さっくりと、つやが出るくらいまで混ぜる。

3 オーブンシートを敷いた型に流し入れ、蒸気の上がった蒸し器で30分ほど蒸す。

※冷凍保存も可。食べやすく切り、ラップで包んで冷凍室へ。日持ちは約1か月。食べるときは室温で自然解凍し、霧吹きをして耐熱皿にのせ、ラップをふんわりとかけて電子レンジで加熱する（1/4個分で50秒ほど）。

POINT

粉を加える前の段階で、白っぽくなるまでしっかり混ぜておくことで、均一な生地になる。

みそバナナブレッド

みそのおかげでしっとりとした焼き上がり。
朝ごはんにもおやつにもおすすめです。

材料（18×9×高さ6cmのパウンド型1台分）

バナナ … 大1本（200g）

A 卵 … 2個

ひと晩発酵みそ … 大さじ4

きび砂糖 … 50g

太白ごま油（またはサラダ油） … 大さじ2

B 薄力粉 … 100g

ベーキングパウダー … 小さじ1

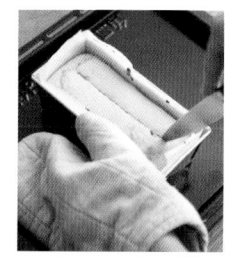

 **POINT**

10分ほど焼いたら真ん中に1本切り込みを入れ、天板の前後を返すときれいに焼き上がる。様子を見て、こげそうならアルミホイルをかぶせて。

作り方

1 バナナはフォークで粗くつぶす（完熟でなければ電子レンジで1分ほど加熱するとつぶしやすい）。

2 ボウルに**A**を入れ、ハンドミキサーで2分ほど混ぜる。太白ごま油を加えてさらに1分ほど混ぜる。バナナを加えゴムべらでさっと混ぜ、**B**を合わせてふるい入れる。ゴムべらで底からすくうように混ぜる。

3 粉けがなくなったらオーブンシートを敷いた型に流し入れ、180℃に予熱したオーブンで30～40分焼く。竹串を刺してみて、生地がついてこなければ焼き上がり。

手軽に作れる
発酵調味料

米麹を使うと、みそ以外にも塩麹やしょうゆ麹など、食卓を彩るいろいろな調味料を手作りすることができます。自然の甘みやうまみは、市販品にはないおいしさ。基本的には、混ぜて発酵を待つだけと簡単なものばかりです。甘酒の作り方も紹介しています。

塩麹

うまみとほどよい塩けで、
どんな食材にも相性のいい万能調味料。
肉や魚を漬け込めば、
しっとりやわらかく仕上がります。

日持ち 冷蔵で約**3**か月

材料（作りやすい分量）

米麹（生）… 200g

塩 … 60g

作り方

1 ボウルに米麹を入れ、かたまりがあれば手でほぐす。

2 塩を加えて混ぜる。

3 水1カップ※を加える。
※乾燥麹の場合は、水を1と1/4カップにする。

4 よく混ぜる。混ぜても表面が乾いていたら、少量の水を足す。

※湿度や麹の状態によっても変わるので、全体に水がいきわたるくらいに調整する。

5 清潔な保存容器（ホーローやガラス製）に移す。

6 ふたをして、室温に4日～1週間を目安におく。1日1回清潔なスプーンで混ぜる。

7 米麹がやわらかくなったらでき上がり。

しょうゆ麹

ほどよい甘みがプラスされて、
まろやかな味わいの調味料に。
あえものや炒めものの味つけに、
鍋料理のたれとしても。

日持ち 冷蔵で約**3**か月

材料（作りやすい分量）

米麹（生）… 100g
しょうゆ … 1カップ

※乾燥麹でもしょうゆの分量は
同量でOK。

作り方

1 清潔な保存容器（ホーローやガラス製）に米麹を入れ、かたまりがあればほぐし、しょうゆを注ぐ。

2 ふたをして、1週間〜10日を目安に室温におく。1日1回清潔なスプーンで混ぜる。

3 米麹がやわらかくなったらでき上がり。

ナンプラー麹

魚介のうまみが特徴の
ナンプラーと麹の組み合わせ。
独特のくせが抑えられ、まろやかに。
肉や魚のソテーやスープなどに。

日持ち 冷蔵で約**3**か月

材料（作りやすい分量）

米麹（生）… 30g
ナンプラー … 1/2カップ

※乾燥麹でもナンプラーの分量は
同量でOK。

作り方

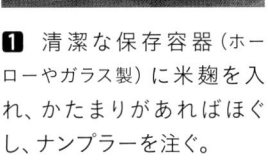

1 清潔な保存容器（ホーローやガラス製）に米麹を入れ、かたまりがあればほぐし、ナンプラーを注ぐ。

2 ふたをして、1週間〜10日を目安に室温におく。1日1回清潔なスプーンで混ぜる。

3 米麹がやわらかくなったらでき上がり。

簡単コチュジャン

辛みと甘みがちょうどいい、自家製コチュジャン。
みそ汁に入れたり、マヨネーズと合わせて
野菜につけても。

日持ち 冷蔵で2〜3週間

材料（作りやすい分量）

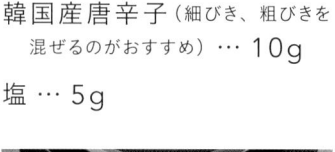

米麹（生）… 50g

韓国産唐辛子（細びき、粗びきを
　　混ぜるのがおすすめ）… 10g

塩 … 5g

作り方

1 材料をすべて耐熱の保存袋に
入れて（色やにおいがつくので、保存袋
がおすすめ）、60℃の湯80㎖※を加
える。
※乾燥麹でも湯の分量は同量でOK。

2 水分が全体にいきわたるよう
にもみ混ぜる。

3 炊飯器の内釜にふきんを敷い
て②をのせ、炊飯器にセットする。
炊飯器を保温にし、保存袋の口を
少し開けて8〜10時間おく。

4 2〜3時間に1回、取り出して
袋の上からもみ混ぜる。

5 とろりとしてきたらでき上がり。
清潔なびんなどに入れる。

甘酒

米麹だけで作る甘酒。麹のつぶつぶが気になる方は
ミキサーでなめらかにするのもおすすめです。

日持ち　冷蔵で**1**週間、冷凍で**1**か月

※冷凍の場合は、保存袋に入れ、薄い板状にして冷凍室へ
（完全に凍らないのでそのままパキッと折って使える）。

材料 (作りやすい分量)

米麹（生）… 200g

作り方

1　炊飯器の内釜に米麹、60℃
の湯2カップ※を入れる。
※乾燥麹でも湯の分量は同量でOK。

2　水分が全体にいきわたるよう
に混ぜる。

3　2を炊飯器にセットする。炊
飯器を 保温 にし、ふたを開けたま
ま、ぬれぶきんを二重にしてかぶ
せ、8〜10時間おく。

4　2〜3時間に1回、全体を混
ぜ、ふきんをぬらし直してかぶせる。
とろりとしてきたらでき上がり。清
潔な保存容器に入れる。

昔ながらの
みその作り方

室温で半年ほど熟成させるみそも、材料を
混ぜておいておくだけなので、難しくありません。
ゆっくりと発酵が進むみそと〝ひと晩発酵みそ〟
との味わいの違いを楽しんでみては。

材料
（でき上がり約1.6kg・22×14×高さ6.5cmの容器1個分）

米麹（生）… 600g

大豆（乾燥）… 300g

塩 … 165g

作り方

1 カビが生えるのを防ぐため、ホーローなどの保存容器をアルコールスプレーなどで消毒する。

2 **ひと晩発酵みその作り方**①〜②、④と同様に大豆をゆでてつぶし、冷ます（P10〜11参照）。ポリ袋に米麹、塩を入れてふり混ぜる。

3 大きめのボウルにつぶした大豆を入れ、米麹と塩を混ぜたものを数回に分けて加え、手でにぎりつぶすようにしてよく混ぜる。

4 ゆで汁を少しずつ加えて混ぜる（目安は約3/4カップ。みそよりもややしっとりしているくらいの状態にする）。

5 片手でにぎれるくらいの量を手にとり、ボール状に丸め、ぎゅっとにぎって空気を抜く。

6 残りも同様にし、①の容器にしっかり詰める。

7 表面を平らにならし、ラップをぴっちりと張りつけ、その上からふたをして、直射日光の当たらない室温の場所に半年ほど※おく。

※ときどき様子を見て、カビが生えていたらカビとその周辺を取り除き、直接アルコールスプレーをかける。新しいラップに張りかえ、ふたをする。

8 味がまろやかになり、色が濃くなったらでき上がり。好みの味になったら冷蔵室で保存する。

おすすめの調味料

〝ひと晩発酵みそ〟を作るときにいつも使っている調味料と
毎日のごはん作りにおすすめの発酵調味料をご紹介します。
調味料がおいしいと、シンプルな料理でもおいしさがぐっと上がります。

［米麹］

羽場のこうじ

「発酵の街」として知られる秋田県横手市で、100年以上
もの間、麹作りを続けてきた老舗麹店です。一度訪れて以
来、いつもこちらの麹を取り寄せて使っています。自然な
甘みを感じられ、みそなどを作るととてもまろやかでおいし
い。甘酒もすっきりとした味わいで、苦手な人にもおすすめ
できる甘酒になります。

⌂ 羽場こうじ店
https://habakoji.jp/shop

［塩］

粟國の塩

海水をくみ上げ、濃縮、釜炊き、自然乾燥と1か月ほどかけ
て作られる塩は、素材本来の味わいを引き出し、みそや
しょうゆをおいしく仕上げる強いうまみとまろやかな塩味
が特徴です。どんな素材にも相性がよく幅広く使えるうえ、
手に入れやすいので、ある程度量を使うみその仕込みなど
にはぴったりです。

⌂ 沖縄ミネラル研究所
http://www.okinawa-mineral.com

坊津の華 釜だき塩

鹿児島県南さつま市の海辺でご家族3人で作られている
海塩です。サンゴ礁の生息する坊津の海のカルシウムを多
く含む海水を使用。自然の力を利用して、すべて手作業で
作られています。普通の塩より粒子が大きく、ざくざくとし
た舌ざわりの海塩で、凝縮されたうまみが特徴。料理の仕
上げにかけたりするときはこちらを使います。

⌂ MATHERuBAオンラインショップ
https://matheruba.shop-pro.jp/?pid=157326296

［しょうゆ］

井上古式じょうゆ

昔ながらの伝統的な製法で、人の介入を最小限に抑えて造られています。一般的なしょうゆに使われる大豆の量よりもおよそ2割ほど多く使用しているので、大豆の風味がしっかりと生かされて、まろやかです。そのまま刺身などにつけるのにも、煮ものなどの味つけにも幅広く使っています。

🏠 井上醤油店
http://inoue-shoyu.jp/

［みりん］

最上白味醂

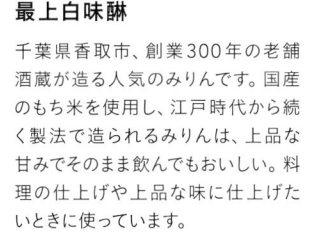

千葉県香取市、創業300年の老舗酒蔵が造る人気のみりんです。国産のもち米を使用し、江戸時代から続く製法で造られるみりんは、上品な甘みでそのまま飲んでもおいしい。料理の仕上げや上品な味に仕上げたいときに使っています。

🏠 馬場本店酒造
https://babahonten.com

［酢］

純米富士酢

京都・丹後産の農薬不使用米と山からわき出た伏流水だけを原料に造られた純米酢です。酢1ℓにつき米200gという、「米酢」と表示できる量の5倍もの米を使用しているため、米のうまみが強く濃厚な味わい。酸味だけでない深いコクでどんな料理にも使え、やさしい味に仕上げてくれます。

🏠 飯尾醸造
https://www.iio-jozo.co.jp

［料理酒］

こんにちは料理酒

料理酒にはこだわりのない方もいらっしゃいますが、これは別格のおいしさ。少量でも素材の持ち味を引き出します。米のうまみと天然のアミノ酸が料理を引き立て、ほかにはないコクの深さで、使うだけで風味が変わります。料理の風味づけにはもちろん、魚の臭み消しなどにもおすすめです。

🏠 大木代吉本店
https://www.daikichi-sizengo.co.jp

有機三州味醂

醸造に適した水と温暖な気候に恵まれ、古くからみりんの醸造が盛んに行われてきた愛知県三河地方の専業蔵のみりんです。国内産の有機米を原料に伝統的な製法で造られており、米の自然な甘さやうまみ、香りが感じられます。コクのある仕上がりにしたいときには、こちらのみりんを使っています。

🏠 角谷文治郎商店
https://mikawamirin.jp

［黒酢］

坂元のくろず

蒸した米と米麹、地下水を陶器の壺に仕込み、1年以上発酵、熟成させる伝統的な製法で造られています。ほかの黒酢にはない独特の香りとコクがあり、複雑な味わい。壺造りの発酵ならではの味が楽しめる黒酢です。わが家では毎朝、これを水で割って飲むのが日課になっています。

🏠 坂元醸造
http://www.kurozu.co.jp

［酒粕］

純米大吟醸 酒粕

瀬戸内海に面し、酒どころとして栄えた広島県の安芸津という街の酒造で造られる日本酒「富久長」の純米大吟醸の酒粕です。八反草という富久長オリジナルの米を使って造られる酒粕は、とても使いやすく、食べやすいです。

🏠 今田酒造本店
https://fukucho.info

［魚醤］

秋田しょっつる

秋田県の県魚、ハタハタを原料に造られるしょっつるは、石川県の「いしる」、香川県の「いかなごしょうゆ」と並び、日本三大魚醤のひとつ。3年にも及ぶ熟成期間を経て造られます。香りはおだやかで、ナンプラーが苦手な方にもおすすめできます。

🏠 諸井醸造
https://www.shottsuru.jp

バランス ナンプラー ゴールド

熟成期間は約24か月と一般的なナンプラーよりも長く、くせが少なく香りもよいナンプラーです。コクとうまみがたっぷり、おだやかな味わいで日本人にもなじみやすいと思います。

🏠 アライド コーポレーション
http://allied-thai.co.jp

榎本美沙

えのもと・みさ

料理家・発酵マイスター。
会社員時代に、夫婦で一緒に料理を作るレシピ紹介サイト「ふたりごはん」を開設。その後、料理家として活動すべく一念発起し、調理師学校へ。卒業後、独立。発酵食品、季節の手仕事、旬の食材を使ったシンプルな料理が人気で、雑誌や書籍、TVなどへのレシピ提案など活躍中。YouTube「榎本美沙の季節料理」はチャンネル登録者数14万人を超え、注目が集まっている。著書に『少量でおいしい ジッパー袋でかんたん 季節の保存食』（家の光協会）、『野菜の「べんり漬け」』（主婦の友社）。

・YouTube：「榎本美沙の季節料理」
・Instagram：@misa_enomoto
・Twitter：@misa_enomoto
・HP：「ふたりごはん」https://www.futari-gohan.jp

STAFF

デザイン／高橋朱里（マルサンカク）
撮影／鈴木泰介
取材・文／久保木薫
スタイリング／久保田朋子
調理アシスタント／深瀬華江
校閲／滄流社
編集／上野まどか

からだが整う〝ひと晩発酵みそ〟

著　者	榎本美沙
編集人	足立昭子
発行人	倉次辰男
発行所	株式会社主婦と生活社
	〒104-8357 東京都中央区京橋 3-5-7
	TEL03-3563-5321（編集部）
	TEL03-3563-5121（販売部）
	TEL03-3563-5125（生産部）
	https://www.shufu.co.jp
	ryourinohon@mb.shufu.co.jp
製版所	東京カラーフォト・プロセス株式会社
印刷所	大日本印刷株式会社
製本所	共同製本株式会社

ISBN978-4-391-15626-3